Le Protocole des Goys pour Sion

L'infâme complot secret des non-juifs

pour défendre Israël à son insu !

rev. 3

Pug

de

Ces Goys qui défendent Israël

SOMMAIRE

1 CHERCHEZ L'ERREUR

Petit travail de comparaison historique, vérifiable par tous. Prenons deux personnages emblématiques du conflit israélo-arabe, nés à la même époque :

- **Ariel Sharon**, de son nom d'origine Ariel Scheinermann, né le 26 février 1928 à Kfar Malal, en Palestine sous mandat britannique et mort à Ramat Gan, en Israël le 11 janvier 2014.
- **Yasser Arafat**, de son vrai nom Mohamed Abdel Raouf Arafat al-Qudwa al-Husseini, né le 24 août 1929 au Caire, en Egypte et mort à Clamart, en France le 11 novembre 2004.

Ariel Sharon est le fils d'un couple juif d'Europe de l'Est qui s'installe en Palestine au début des années 20 alors que rien ne les y oblige. Ils le font par amour de la Terre Promise et par espoir pour leurs enfants, et y deviennent agriculteurs.

Yasser Arafat est le fils d'un couple arabe de Palestine qui s'installe en Egypte au début des années 20 alors que rien ne les y oblige. Le père serait un commerçant originaire de Gaza et la mère originaire de Jérusalem mais il n'y a pas de certitudes et on ne sait pas pourquoi ils auraient quitté la Palestine.

Ariel Sharon passe tout sa vie dans ce pays d'abord appelé Palestine Mandataire Britannique puis Israël.

Yasser Arafat séjourne 4 ans à Jérusalem dans sa jeunesse et passe le plus long de sa vie en Egypte, au Koweït, en Jordanie, au Liban, en Tunisie avant de s'installer à Ramallah, en Samarie à la fin de sa vie.

Le jeune Ariel Sharon s'engage dans le Gadna, une milice d'autodéfense juive puis dans l'armée secrète juive de la Haganah. Il fait la guerre d'indépendance de 1948 et il est grièvement blessé sur la route de Latroun lors des combats pour libérer le quartier juif de Jérusalem du siège arabe qui affame sa population.

Le jeune Yasser Arafat fréquente des clubs de sport juifs au Caire pour mieux comprendre son ennemi. Il reçoit une formation commando dispensée par un ancien officier de la Waffen SS nazie. Il participe au transport d'armes vers la Palestine et fait la guerre comme secrétaire de son oncle, Hadj Amin Al-Husseini, le Grand Mufti de Jérusalem, grand ami de Hitler et instigateur des troubles entre arabes et juifs dans les années 20 et 30.

Ariel Sharon devient officier de l'armée israélienne et gravit les échelons avec un sens du courage, de l'exemple et de la tactique qui le font reconnaitre internationalement et enseigné dans les écoles militaires. Son look est celui de la discipline militaire d'une armée régulière qui défend son pays. Même en tant que général, il sera blessé au combat à plusieurs reprises. Il sera accusé de crimes de guerre alors qu'il n'est pas impliqué directement dans la plupart des cas d'accusations. Devenu un homme politique et premier ministre d'Israël par élection démocratique, il ira à l'encontre des intérêts de son peuple dans l'espoir de tendre la main aux Palestiniens.

Yasser Arafat devient une marionnette du dirigeant égyptien Nasser qui l'impose à la tête du mouvement palestinien alors qu'il est en concurrence avec un Syrien. Son look est choisi sur le conseil des Soviétiques pour créer une figure symbolique selon le modèle de Che Guevara. Toujours à l'abri et protégé, il ne participera jamais aux actions sur le terrain où il envoie des centaines de fedayin et terroristes affronter les Israéliens mais aussi ses hôtes Jordaniens en 1970. En tant que chef du Fatah et de l'Organisation de Libération de la Palestine, il est directement responsable de dizaines d'actes de terrorisme et de crimes commis avec son accord. Devenu chef unique de la cause palestinienne par élimination de ses opposants et par manœuvres politiques, il ne recule devant aucun mensonge, tromperie ou trahison pour éviter de faire des concessions aux Israéliens. Accessoirement, en 2003, il est la 6ème fortune mondiale dans le classement des personnalités politiques du magazine Forbes.

Résumons donc :

Ariel Sharon est considéré comme un envahisseur de la Palestine où il est né et d'Israël où il a vécu toute sa vie et où il a versé son sang pour défendre son peuple.

Il est considéré comme un occupant barbare et criminel de guerre.

Yasser Arafat est considéré comme un combattant, qu'il n'a jamais été, et un militant de la libération d'un pays où il n'est pas né et où il n'a jamais vécu.

Il est considéré comme une figure noble et respectable d'un mouvement de résistance à l'oppression.

Cherchez l'erreur…

2 QUELQUES REFLEXIONS SUR LA "PALESTINE"

« Bien joué mais ça ne prouve rien et la réalité d'aujourd'hui, c'est la Palestine bafouée et les Palestiniens qui souffrent, sous le joug d'Israël qui n'est pas du tout correct dans cette affaire »

L'origine du nom de « Palestine », que se dit « Filastin » en arabe, provient du peuple des Philistins, un peuple de commerçants indo-européen et non sémite, sans doute d'origine grecque ou crétoise, appelé « peuple de la mer » par les Egyptiens et installé sur la côte entre Ashdod et Gaza ; ils ont toujours été des ennemis jurés des Israélites. Les Philistins tiennent leur nom biblique de l'hébreu « Peleshet » qui signifie « envahisseurs ».

Palestine, du latin « Palaestina », dérivé du grec ancien « Palestina », est un nom qui apparaît au 5ème siècle av JC dans les écrits d'Hérodote puis dans ceux Ptolémée et de Pline l'Ancien. Dans ces écrits, le terme complet est « Palestine de Syrie » et jamais de Palestine seule ; la Palestine de Syrie est décrite séparément de la Judée et de la Samarie. Ce sont les Romains de l'Empereur Hadrien, en 135, qui débaptisent la « Provincia Judea » et l'incluent dans la grande province de « Syria Palaestina », après la révolte de Bar Khoba où deux tiers de la population juive de Judée (le même taux que les juifs d'Europe pendant la Shoah) disparaissent dans la répression romaine.

Le nom de Palestine, pour désigner toute la région entre la Turquie, le désert de Syrie, l'Egypte et la Méditerranée, apparaît au IIème siècle de notre ère dans le cadre d'un nettoyage culturel des Hébreux de la région par l'Empire Romain. Le nom perdure sous l'Empire Byzantin puis les Empires arabes et turcs.

L'accord Sykes-Picot entre la Grande Bretagne et la France de 1916 partage ce large territoire entre les deux grands vainqueurs de la Grande Guerre. L'accord Paulet-Newcombe de 1920 qui fixe les frontières entre le mandat français du Liban et de Syrie, et le mandat britannique appelé « British Mandate of Palestine », comprend les territoires actuels d'Israël et de la Jordanie. Le nom de Palestine disparait avec la fin du mandat britannique en 1948. De 1948 à 1967, le territoire de l'ancien mandat britannique est partagé entre trois états : Israël, Egypte (Bande de Gaza), Jordanie (Judée-Samarie).

Le nom de Palestine est remis au goût du jour en 1964 lors de la création par l'Egypte de l'Organisation de Libération de la Palestine. Sachant que la Bande de Gaza est alors occupée par l'Egypte pendant que la Judée-Samarie l'est par la Jordanie, la création de l'OLP désigne clairement Israël comme le territoire à libérer.

Ce nom est revendiqué comme l'appellation nationale d'un peuple prétendant se battre contre une « occupation » tout en revendiquant un nom qui signifie « envahisseur » imposé par un occupant, il faut oser !

Ces gens-là, les Palestiniens, haïssent Israël et ils ont de bonnes raisons de le faire, selon les Pro-Palestiniens qui brandissent publiquement et médiatiquement des arguments imparables pour illustrer la cruauté d'Israël envers les Palestiniens.

Passons en revue certains de ces arguments irréfutables :

- ### La Bande de Gaza est l'une des zones les plus densément peuplées au monde
La ville de Gaza seule a une densité de 9983 habitants au kilomètre carré. C'est moins densément peuplé que, en ordre croissant : Dehli, Osaka, Genève, Jakarta, Tokyo, Buenos Aires, Séoul, Paris, Mumbai, Shangai, Le Caire, Manille et Dakha (Bangladesh). Dans le classement des villes les plus densément peuplées, Gaza arrive juste devant Moscou et Grenoble.

Juste à titre de comparaison, Gaza a une densité de 9983 h/km2 et la ville la plus densément peuplée au monde, Dakha, a une densité de 43 797 h/km2.

Cette simple comparaison suffit à annuler l'argument : la densité de population, en soi et seule, ne peut pas être une cause de souffrance d'un peuple. Paris, Genève et Tokyo, plus densément peuplées que Gaza, sont aussi les capitales économiques de leurs pays respectifs et jouissent d'un niveau de vie supérieur au reste du pays où la densité de population est moindre.

• *La Bande de Gaza est affamée.*

Les Palestiniens sont dans le top 10 du classement de l'obésité mondiale, devant les Américains. Une étude palestinienne indique que, dans les zones urbaines, 49% des femmes, 30% des hommes et 16% des adolescents sont au-dessus du seuil d'obésité. En cause, la consommation excessive de sodas et de desserts hyper sucrés et, pour les femmes, le manque d'installations sportives exclusivement réservées aux femmes selon les normes religieuses imposées par le Hamas. On objecte habituellement que l'obésité frappe généralement les plus mal nourris, ce qui est un argument fallacieux puisqu'il n'est pas question ici de malnutrition ou de malbouffe mais bien d'accès aux denrées alimentaires qui n'est absolument pas entravé.

• *La Bande de Gaza est soumise à un blocus.*

Le seul blocus de la Bande de Gaza actuellement en cours est du fait de l'Egypte qui a fermé tous les points de passage entre Gaza et le Sinaï. Du côté israélien, plusieurs points de passage sont ouverts et sont les points d'entrée de toutes les marchandises à Gaza, même pendant les combats entre Gaza et Israël. En outre, Israël fournit de l'électricité, du carburant et de l'eau à la Bande de Gaza. Des denrées et de l'énergie entrant à Gaza, on ne peut juridiquement pas parler de blocus, lequel est une interruption totale et sans exception des flux économiques.

- *Les Palestiniens subissent un génocide*

L'espérance de vie moyenne des Palestiniens est de 73 ans et c'est la meilleure espérance de vie du monde arabe. La population palestinienne croît de façon spectaculaire avec un taux de 3,44% par an en 2013 : une situation qualifiée de « miracle démographique de Gaza », grâce à un taux de natalité très élevé, un taux de mortalité infantile très faible et une longue espérance de vie. A titre de comparaison, le génocide des Juifs d'Europe a vu la disparition de 60% de la population, et le génocide des Assyriens par les Ottomans a atteint 75% de la population entre 1915 et 1922.

- *Les Palestiniens sont privés d'eau par Israël*

Une privation d'eau générant un danger pour l'humain sous une latitude méditerranéenne, se traduirait immédiatement par une baisse brutale des chiffres de l'espérance de vie et par une chute de la courbe démographique qui ne cesse de monter. De plus, l'ouverture d'un parc aquatique à Gaza en 2010, aussitôt fermé pour des raisons religieuses par le Hamas, semble antinomique avec une pénurie d'eau dans la Bande de Gaza ! En termes d'accès à l'eau, les Palestiniens sont nettement victimes de leur propre comportement irresponsable en matière d'environnement et de la pollution importante qui en résulte.

- *Les Palestiniens n'ont pas accès à l'éducation.*

94% des Palestiniens sont alphabétisés, c'est le deuxième meilleur taux du monde arabe après le Qatar. L'agence d'aide aux réfugiés spécialement créé pour les Palestiniens, l'UNWRA, financée par l'ONU gère de nombreux établissements scolaires ; des aides internationales américaines et européennes pour les plus importantes sont également consacrées à l'éducation. L'Autorité Palestinienne indique que 85% des jeunes palestiniens terminent les études secondaires. Pour la seule bande de Gaza, 8 établissements d'enseignement supérieur de type universitaire sont disponibles.

- *Les Palestiniens se défendent contre l'occupation menée par Israël.*

Le statut de la « Cisjordanie » et de la Bande de Gaza n'est défini par aucun traité établissant des frontières ou une souveraineté. Les « frontières de 1967 » n'ont jamais existé : elles n'étaient que les lignes d'armistice de 1948. Les seules frontières reconnues sont celles de l'Egypte et de la Jordanie qui sont revenues à leurs frontières en abandonnant Gaza pour l'Egypte et la « Cisjordanie » pour la Jordanie. Ces territoires sont juridiquement des territoires disputés. Israël ne pratique donc aucune occupation sur des terres souveraines étrangères et ne fait qu'occuper un espace juridiquement vide ; la légalité de cette occupation a été attestée par la Cour d'Appel de Versailles en 2013 dans l'affaire du Tramway de Jérusalem. D'un point de vue historique, géographie et juridique, les revendications israéliennes sur ces terres sont, au grand minimum, tout aussi légitimes que les revendications palestiniennes. Il suffit de regarder, dans des archives historiques ou des Atlas du début du XXème siècle pour constater que la région au sud de Jérusalem, qui comprend les villes de Bethléem et d'Hébron, a toujours été appelée la Judée ; ce nom a la même source que « Judaïsme » et «Juif ». Il est tiré du nom du Royaume de Juda, royaume issu de la sécession d'avec le Royaume d'Israël. La capitale du Royaume d'Israël était Samarie ; ses ruines jouxtent le village arabe de Sebaste, près de Naplouse (qui s'appelait autrefois elle-même Sichem). Cela se situe dans la région au nord de Jérusalem, dont le nom géographique a toujours été la Samarie. Raisons pour lesquelles la « Cisjordanie » porte en fait deux noms authentiques, Judée et Samarie

- *Les Palestiniens sont des réfugiés qui ont droit au retour chez eux.*

Pour tous les autres peuples de la terre, le statut de réfugié concerne les personnes qui ont été déplacés de force ou par exode et uniquement ces personnes-là. Pas leurs enfants ni leur descendance. Si le droit international était appliqué de façon égalitaire entre Palestiniens et reste du monde, les seuls réfugiés palestiniens seraient les personnes qui ont été déplacés entre 1947 et 1948 et qui ont donc, au minimum, plus de 65 ans aujourd'hui. Les Palestiniens nés à Gaza, en Cisjordanie, en Jordanie, au Liban et en Syrie après 1948 ne peuvent pas être considérés comme des réfugiés. Seule une exception, donc illégitime, pour les Palestiniens permet cette situation injuste pour tous les autres réfugiés de la terre, en premier lieu les 900 000 juifs expulsés sans compensation des pays arabes dont ils étaient habitants avant 1948. De plus, et contrairement aux Juifs expulsés par les pays musulmans, les réfugiés arabes de 1948 n'ont pas été expulsés par Israël mais ont fui volontairement les territoires du nouvel état d'Israël, pour ne pas être gouvernés par des juifs et surtout parce que les dirigeants arabes, qui projetaient de réduire Israël à néant, ont appelé les arabes à quitter le territoire d'Israël pour que leurs armées puissent y terminer la Shoah sans risque de bavures sur des habitants arabes. D'ailleurs, tous les arabes n'ont pas répondu à cet appel : ceux qui sont restés et qui ont pu par la suite bénéficier d'un regroupement familial accordé par Israël à leurs proches qui avaient fui, sont les ascendants des 1,6 million d'Arabes Israéliens qui vivent, s'épanouissent et sont heureux en Israël.

- *Les Palestiniens subissent un apartheid de la part d'Israël.*

Apartheid est un mot sud-africain qui signifie « développement séparé » ; il désigne la mise en place de 1961 à 1994 d'une politique de développement séparé des communautés blanches et noires en Afrique du Sud. Ce mot ne peut pas être sorti de son contexte sud-africain ni de son contexte historique. Il émane de l'histoire et de la mentalité des protestants hollandais et des huguenots français installés en Afrique du Sud au XVIIème siècle, constamment menacés par les tribus africaines autant que par l'impérialisme britannique. L'utilisation de ce mot dans le conflit israélo-palestinien démontre une malhonnêteté intellectuelle ou une méconnaissance profonde de l'histoire de l'Afrique du Sud et de l'Apartheid. De plus, la citoyenneté israélienne est détenue par 1,6 million d'arabes, soit l'équivalent de la population de Gaza et ces arabes israéliens ont accès à toutes les fonctions de l'Etat d'Israël et de sa démocratie parlementaire. En fait, l'Etat d'Israël pratique une politique d'intégration qui mêle populations juives, arabes, druzes et autres alors que les promoteurs d'une solution de paix à deux états, l'un juif et l'autre palestinien, prônent en fait eux-mêmes une solution de développement séparé des deux communautés donc un « apartheid » (étant à nouveau précisé que ce terme ne peut s'appliquer qu'à l'Afrique du Sud et à son contexte historique.)

3 APARTHEID

« Oui, d'accord, l'Apartheid sud-africain est un concept bien particulier mais il n'empêche qu'Israël pratique ce développement séparé dont vous parlez vous-même et favorise les juifs sur des critères racistes et nationalistes et c'est ça qu'on résume par le mot « apartheid » ! »

Voici quelques faits qui mettront tout le monde d'accord sur la nécessité que cet abus inqualifiable envers les droits de l'homme soit arrêté coûte que coûte.

Tout le monde le dit, surtout dans la grande sagesse des manifestations antisionistes objectives et raisonnables : Depuis le début de son histoire moderne en 1948, Israël déteste les arabes et les musulmans et pratique une terrible ségrégation envers eux. Il est temps de dénoncer vigoureusement et sans faux-semblants cet apartheid israélien et en voici les preuves irréfutables :

- Les sionistes juifs racistes et xénophobes ont combattu tous les arabes de Palestine sans exception en 1948 et depuis lors, dans une discrimination honteuse, ils n'ont accepté aucun arabe dans leurs forces armées ? En témoigne l'unité de bédouins de Tsahal qui défile à Tel Aviv en 1949 et comme en témoigne aujourd'hui l'existence du Bataillon Herev Druze ainsi que le Bataillon Bédouin de Reconnaissance du Désert, sans compter le nombre de druzes, d'arabes chrétiens et musulmans qui servent dans les unités de gardes-frontières ou de la police, comme le policier Druze Zidan Sayef qui a sacrifié sa vie en intervenant dans la fusillade de la Synagogue Kehilat Bnei Torah en novembre 2014.

- Les juifs israéliens ont tant de dégoût envers les éthiopiens et les arabes qu'ils ont élu comme Miss Israël Rana Raslan, arabe musulmane en 1999 et Yityish Anyaw, juive éthiopienne en 2013, qui a servi comme officier dans la police militaire israélienne, pour souligner leur côté sexiste.

- La ségrégation anti-arabe en Israël est d'une telle sévérité que c'est un arabe chrétien, le juge Georges Karra, qui a condamné l'ancien président d'Israël, le juif Moshe Katsav, à 7 ans de prison pour viol et qu'un arabe chrétien maronite d'origine libanaise, Salim Joubran, est en poste à la cour suprême d'Israël depuis 2004.

- Les israéliens sont tellement racistes et sectaires qu'en octobre 2013, ils ont nommé le colonel Ghassam Alian, un Druze au commandement de la Brigade Golani, l'une des plus anciennes et prestigieuses unités de Tsahal. Nombre de généraux de Tsahal sont également Druzes et ils reçoivent des commandements aussi importants que celui du front intérieur, par exemple.

- La société israélienne refuse tellement aux arabes les droits démocratiques légitimes que 14 arabes siègent comme députés à la Knesset et ont même le droit de se réjouir de l'enlèvement par le Hamas de trois jeunes israéliens, en 2014 et même d'être réélus comme 3ème force politique du pays en avril 2015.

- L'armée israélienne est un tel repaire de nazis xénophobes qu'elle a établi plusieurs hôpitaux de campagne qui accueillent et soignent des réfugiés syriens qui fuient la guerre civile ; la société israélienne est tellement inégalitaire qu'elle soigne dans ses hôpitaux l'épouse de Mahmoud Abbas et la petite-fille d'Ismail Hanyeh, le chef du Hamas à Gaza qui appelle à la mort d'Israël.

C'est bon ?

Vous avez compris que cette histoire d'apartheid et de discrimination contre les arabes est sans fondement où il faut encore user d'un peu plus de sarcasme ?

Le fait est qu'Israël est un pays multiculturel, multiethnique, traversé de très nombreuses influences nationales qui cohabitent toutes ensemble, à commencer par 1,6 million d'Arabes israéliens dont le niveau de vie moyen est largement plus estimable que celui des Arabes vivant dans les pays limitrophes, sans parler de celui des Arabes qui vivent sous la férule de l'Autorité Palestinienne et du Hamas.

4 LA TERRE CONTRE LA PAIX

« D'accord mais il faut comprendre que les Palestiniens ont droit à l'autodétermination et que tout pourrait être réglé si Israël donnait la terre en échange de la paix ! »

D'après beaucoup d'observateurs et d'éminents analystes, le problème central de la géopolitique mondiale, la « mère de toutes les batailles » de la politique internationale, c'est qu'un seul état juif empiète sur les terres de l'Islam.

Rappel de quelques chiffres :

Islam : 1,6 milliard de personnes dans le monde.
Judaïsme : 13 millions de personnes dans le monde.

Monde arabe : 300 millions d'habitants
Israël : 8 millions d'habitants

Nombre de pays musulmans à l'ONU : 56
Nombre de pays juifs à l'ONU : 1

Il faut reconnaître que l'injustice faite à l'Islam est insupportable.

Donc, évidemment, la solution préconisée par les USA, l'UE, l'ONU, etc. coule de source : les pays arabo-musulmans n'ayant pas assez de tout le Moyen-Orient qu'ils sont en train de vider de toute influence chrétienne après l'avoir vidé de ses influences juives en 1949, il faut demander à Israël de faire des « concessions territoriales » en échange de la paix !

Traduction : Israël donne des terres à l'Autorité Palestinienne et en échange, l'Autorité Palestinienne donne de la paix à Israël.

Ce principe a l'air d'une grande sagesse diplomatique en faveur de la paix du monde, n'est-ce pas ?

Avons-nous des exemples d'échange de terre contre la paix ? Oui, et même un cuisant exemple : en 1938, c'était la promesse d'Hitler à la Tchécoslovaquie pour les régions germanophones des Sudètes. Est-ce que ça a favorisé la paix du monde ? Faites le bilan de l'Europe en 1945 et vous aurez votre réponse.

Disons les choses franchement et pas en langage policé : la terre contre la paix, c'est un ultimatum de guerre, pas un compromis de paix ! Ça revient à dire : Donne-moi de la terre, sinon tu as la guerre mais en le disant d'une façon qui ne trompe que les imbéciles et les politiciens.

Selon ce principe, pour éviter une guerre avec l'Allemagne Nazie en 1939, la Pologne aurait dû accepter volontairement de cesser d'exister. Pour éviter la guerre avec l'Allemagne Nazie, l'URSS aurait dû volontairement céder toute sa partie occidentale jusqu'à l'Oural, pour ne conserver que les steppes et la Sibérie. Afin d'éviter la guerre avec le Japon, la Chine aurait dû volontairement accepter d'être annexée par Hiro-Hito. Pour éviter la guerre avec l'Union Soviétique, le monde libre aurait dû volontairement accepter l'Internationale Communiste dans le monde entier et pour éviter la guerre avec les fondamentalistes musulmans, nous devrions volontairement accepter la souveraineté islamique et payer l'impôt des infidèles aux musulmans.

En France, pour éviter la guerre, on aurait donc dû volontairement et même spontanément offrir l'Aquitaine aux Anglais, l'Alsace-Lorraine aux Allemands, le Languedoc aux Espagnols, Rhône-Alpes aux Italiens, sans même parler des minorités d'indépendantistes Basques, Bretons et Corses que nous offensons gravement par notre refus de leur offrir spontanément l'indépendance.

De surcroît, Israël a déjà largement expérimenté cette solution. En 1993, Israël a signé les Accords d'Oslo donnant 40% de la Judée-Samarie au contrôle administratif de l'Autorité Palestinienne, avec le projet de transférer l'ensemble de la région à cette dernière à l'horizon de l'an 2000. En 2000 également, Israël s'est retiré unilatéralement du Sud Liban qu'elle conservait comme zone-tampon face aux agissements du Hezbollah. En 2005, Israël s'est unilatéralement retiré de la Bande de Gaza, expropriant même dans la douleur des milliers de « colons » israéliens qui ont perdu tous leurs efforts et investissements dans ce retrait.

Le résultat a été éloquent : les Palestiniens ont déclenché en 2000 la seconde Intifada et ont inauguré les attentats-suicide ; le Hezbollah a présenté comme une victoire militaire le retrait israélien de 2000 et a commencé des raids de harcèlement dans le nord d'Israël qui ont conduit à la guerre de 2006 ; le Hamas qui prône la destruction totale des Juifs a remporté les élections palestiniennes de 2006 et a tiré sur Israël près de 12 000 roquettes et obus et ce, malgré deux opérations israéliennes d'envergure en 2008 et 2014 pour tenter de les arrêter.

La seule fois où Israël a réussi un échange de terre contre paix, c'était avec l'Egypte en 1978 aux accords de Camp David mais la question de la terre n'était pas du tout le point fondamental des accords et l'Egypte avait manifesté sa volonté de paix avant de parler de terres. De ce fait, la rétrocession du Sinaï à l'Egypte a été une conséquence de la paix et non pas un préalable fallacieux.

Bref, en l'état actuel du contexte israélo-palestinien, « la terre contre la paix » n'est qu'un déguisement diplomatique pour une action de guerre qui continue depuis 1948 et qui vise toujours à détruire Israël en tant qu'état-nation juif.

5 POLITIQUE ARABE DE LA FRANCE

« Oui, c'est mignon et touchant cette idéaliste défense d'Israël mais voyez-vous, la France a des intérêts supérieurs à défendre, notamment dans ses approvisionnements stratégiques et sa balance commerciale, et cela passe par une politique arabe de la France ! »

C'est vrai, depuis 40 ans, la France s'enorgueillit d'avoir une politique arabe, magnifiquement symbolisée par l'Institut du Monde Arabe, fondé par Valéry Giscard d'Estaing avec le concours d'une vingtaine de pays membres de la Ligue Arabe et inauguré par François Mitterrand dans le cœur historique de Paris. Immune aux alternances politiques et installé dans le 5ème arrondissement de Paris, non loin des centres du pouvoir, l'Institut du Monde Arabe est le plus parfait symbole de la volonté française de diplomatie et de communication avec cette population.

Les plus fervents défenseurs de cette politique arabe de la France la font remonter à la clairvoyance humaniste de François 1er qui s'allie avec les Ottomans en février 1536, donnant ainsi à la France une position privilégiée dans le monde musulman. Elle est confirmée par l'expédition d'Egypte de Bonaparte, par la longue histoire française en Afrique du Nord ainsi que par la présence mandataire française en Syrie qui témoignent toutes d'un profond attachement de la France à une grande culture orientale et islamique, justifiant ainsi les prédispositions diplomatiques françaises envers le monde arabe.

Mais sa réelle source est beaucoup plus récente. Dès son accession au pouvoir en 1958, le Président Charles de Gaulle s'attache à redonner à la France une stature internationale indépendante. La reconquête de cette stature passe par trois étapes. Premièrement, l'acquisition de l'arme nucléaire et de vecteurs terrestres, sous-marins et aériens pour la mettre en œuvre. La France devient en 1960 la quatrième puissance nucléaire de l'histoire et ses avions Mirage IV comme ses missiles intercontinentaux du Plateau d'Albion font leur entrée sur l'échiquier stratégique de la Guerre Froide. Deuxièmement, l'indépendance politique et diplomatique par rapport à la logique des blocs Ouest-Est. Tout en affirmant à plusieurs reprises son attachement aux valeurs de l'Ouest, la France se désolidarise de l'OTAN qui doit quitter son territoire en 1967. Troisièmement, l'indépendance économique par la sécurisation des approvisionnements énergétiques stratégiques. Le développement important de l'économie et de l'industrie durant les Trente Glorieuses nécessite en effet de contrebalancer la perte des ressources naturelles de l'Algérie par une politique d'influence envers les pays à fortes réserves naturelles. En Afrique noire, là où le contexte diplomatique le permet, la France transforme donc sa domination coloniale en un jeu d'influence politique et économique surnommé péjorativement « Françafrique ». Dans le monde musulman et arabe, l'Algérie étant hors de portée en raison du passif violent, ce fut l'avènement de la politique arabe de la France. Par son influence et sa diplomatie, la France entendait sécuriser ses approvisionnements énergétiques et minéraux, nécessaires à son industrie et à son positionnement stratégique mondial.

Il ne s'agit pas ici de refaire l'histoire avec des si. Dans la vision gaullienne de la France, cette stratégie était théoriquement très juste à l'époque où elle fut décidée. Mais, plus de quarante ans après et à la lumière des évènements survenus durant cette période, il est permis, voire indispensable de tenter d'établir un bilan de cette politique et d'en relever le coût, à plusieurs niveaux.

La première conséquence visible de cette politique fut la décision par Charles de Gaulle de l'embargo sur les ventes d'armes à Israël. En effet, depuis le début des années 1950, la France est le principal fournisseur d'armes à Israël et souvent le seul. A une époque où le marché de l'armement est largement dominé par les USA et l'URSS qui ne s'intéressent que très peu au conflit israélo-arabe, la France est le seul pays à accepter de vendre des armes à l'Etat Hébreu et elle trouve là un débouché commercial privilégié, notamment pour ses avions Marcel Dassault. Les avions Ouragans, Mystère IV, SMB2, Vautour, Noratlas mais surtout le fameux Mirage III feront leurs preuves opérationnelles au sein de la Heyl'A Avir israélienne qui fera profiter Dassault de ce qu'on appelle aujourd'hui le retour d'expérience. Les chars d'assaut français AMX auront également un débouché commercial et un banc d'essai opérationnel importants en Israël. Evidemment, l'un des domaines les plus importants de cette coopération franco-israélienne concerne l'industrie nucléaire.

Cela peut paraître insignifiant mais l'embargo de 1967 aura des répercussions à long terme sur l'industrie française de l'armement, même si celle-ci se porte encore relativement bien. Il n'est pas très sain de n'aborder cette question sous le seul angle commercial mais il est indéniable qu'avant 1967, la France est un fournisseur de premier plan dans le conflit le plus long de l'après-guerre et où les besoins en armement et en innovation sont constants. Avec les armes françaises, les Israéliens remportent des victoires considérables qui sont la meilleure publicité possible pour le savoir-faire français ; les pilotes israéliens seront les meilleurs VRP de Dassault. Le Mirage III, prisé et même adulé par les pilotes israéliens, fera d'eux les premiers As sur avions français depuis 1940 (en aviation militaire, le titre d'as est attribué à tout pilote ayant détruit 5 appareils ennemis en vol). Le général israélien Giora Rom, pilote de Mirage III, sera le premier As sur Mirage III à l'âge de 21 ans et le colonel israélien Giora Epstein deviendra le meilleur As sur avion à réaction de l'histoire, avec 17 victoires, toutes sur Mirage III).

Se priver, comme l'a fait la France en 1967, d'un débouché industriel important et d'une vitrine commerciale inégalable, n'est pas sans conséquences sur le long terme. On ne peut bien sûr que supposer ce qu'aurait été la carrière commerciale et opérationnelle du Rafale, que la France tente péniblement de vendre à l'international depuis maintenant plus de 20 ans, s'il avait été mis en service dans les années 90 dans l'aviation israélienne. Il n'est peut-être pas anodin que trois des plus grands succès commerciaux en avions de combat, le Mirage III de Dassault, le F-15 de McDonnell Douglas et le F-16 de General Dynamics, ont tout trois connu ou connaissent une brillante carrière opérationnelle dans la chasse israélienne. La même analyse, à peu de choses près, peut être faite pour les chars français dont l'industrie est en voie de disparition à très court terme.

On objectera aisément que nombre de pays arabes ont acheté des armes françaises et ont donc compensé largement cette perte, ce qui est sans doute vrai d'un simple point de vue financier mais qui est une vision à très court terme. Aucun des pays arabes acquéreurs de matériel français n'en ont fait un aussi spectaculairement bon usage qu'Israël et n'ont donc pas contribué, loin s'en faut, à la réputation des armes françaises, piteusement surclassées, notamment pendant la Guerre du Golfe de 1991.

Accompagnant cet embargo sur les armes, l'éloignement progressif d'Israël sera la deuxième conséquence de la politique arabe de la France. Même si ce n'était pas du tout l'intention préalable, il est factuel que la France s'est progressivement éloignée de la seule démocratie d'état de droit aux institutions stables du Moyen-Orient pour se rapprocher d'états autocratiques, monarchies despotiques aux économies féodale en Arabie et dictatures policières aux économies planifiées d'inspiration marxistes en Méditerranée et au Moyen-Orient. La France fait le choix de relations économiques et/ou militaires renouvelées avec le Maroc, la Tunisie, le Liban, la Syrie, l'Irak, l'Arabie Saoudite et plus récemment le Qatar. La France vend des armes au Maroc, à la Tunisie, à l'Irak et à l'Arabie Saoudite et développe des relations diplomatiques appuyées. On se souvient de la proximité de Jacques Chirac avec Saddam Hussein, par exemple. Le choix français d'une politique arabe, entamée par de Gaulle et poursuivie par ses successeurs est évidemment lié à l'approvisionnement pétrolier mais c'est là aussi que l'on trouve une nouvelle conséquence fâcheuse de cette politique.

En effet, les efforts français envers le monde arabe n'ont jamais mis la France à l'abri des soubresauts économiques ou politiques provoqués par les tensions régionales. En 1973, la crise provoquée par la décision de l'OPEP d'augmenter le prix du baril de pétrole dans des proportions inédites frappe de plein fouet l'économie française au même titre que les autres pays importateurs de pétrole. La France ne recevra jamais aucun dividende sur sa politique arabe, que ce soit au niveau économique ou sécuritaire. En 1981, lors de la deuxième crise pétrolière, la France ne sera pas davantage épargnée et continuera à plonger dans une crise profonde avec un chômage élevé qui n'est toujours pas réglé plus de trente années après.

D'un point de vue sécuritaire, la force d'interposition française au Liban sera sauvagement agressée à de nombreuses reprises par l'OLP, soutenue par de nombreux alliés de la France. L'embuscade terrible dans laquelle tombera en 1978 le futur général Jean Salvan, atteint à 18 reprises et gravement défiguré, en est l'exemple le plus frappant jusqu'en 1983 où 58 parachutistes français meurent dans l'attentat du poste Drakkar, fomenté avec la complicité de la République Islamique d'Iran dont le Guide Suprême, l'Ayatollah Khomeini, a pourtant bénéficié de la protection et de l'hospitalité de la France avant de renverser le Shah d'Iran en 1979. Le territoire national, en 1985-86, sera la cible de mouvements politiques terroristes arabes comme l'OLP ou le Hezbollah qui causeront 13 morts et 300 blessés, le plus grave étant l'attentat devant le magasin Tati de la Rue de Rennes en septembre 1986. Les années 1994-95 verront même la France être parmi les toutes premières cibles de l'islamisme radical, avec le détournement du vol Alger-Paris d'Air France en 1994 ou l'attentat de la station Saint-Michel à Paris en 1995. La politique arabe de la France n'aura pas davantage de succès dans les relations avec le Colonel Kadhafi en Libye qui commanditera l'attentat du DC-10 d'UTA en 1989. Militairement, la France a été engagée contre l'Irak de Saddam Hussein en 1991, contre l'islamisme fondamentaliste taliban en Afghanistan entre 2002 et 2013, contre la Libye de Muammar Kadhafi et contre Al Qaeda Magreb Islamique, héritier de ses vieux ennemis de 1995, le Groupe Islamique Armé algérien, en 2012 et contre l'Etat Islamique en 2015. Et l'on pourrait assez aisément rattacher à cette triste liste l'attentat de Karachi en 2002.

Symboles terribles, en 2012, les tueries de Montauban et de Toulouse par Mohammed Merah, citoyen français, répétés en 2014 par Medhi Nemmouche, citoyen français et en 2015 par les frères Kouachi et Amedi Coulibaly, citoyens français, ainsi que les tentatives d'attaques de Sid Ahmed Glam, citoyen français et Ayoub El Khazzani marocain tentant une attaque en France, tous musulmans radicaux, achèvent de dissoudre, s'il le fallait, un quelconque angélisme sur les rapports de la France et du monde arabo-musulman.

Si elle était sans doute justifiée théoriquement en 1967, eu égard à la situation internationale de la France, la politique arabe de la France ne peut être considérée, plus de quarante ans plus tard, que comme un terrible et honteux fiasco où l'attitude de la France par rapport à ses idéaux de démocratie d'état de droit sont parfaitement illisibles et faite d'incessants virages au gré des évènements. L'ambiguïté française sur l'Irak, amie de Saddam Hussein en 1978, fermant les yeux sur des crimes de guerre et contre l'humanité (Halabja, 1988), ennemie en 1991, de facto neutre entre 1991 et 2003 pour être une quasi-alliée au Conseil de Sécurité de l'ONU par la voix de Dominique de Villepin, suffirait presque à résumer ce fiasco mais on ne saurait passer sous silence l'hospitalité à l'Ayatollah Khomeini, l'absence de réaction lorsque le Hezbollah maintient le Liban sous une double souveraineté dangereuse, les volte-face en quelques mois face à Muammar Kadhafi et Bachar El Assad, la proposition d'aide de la police française à Ben Ali contre les émeutes du printemps arabe, la mollesse par rapport à la sanglante prise de pouvoir du Hamas dans la Bande de Gaza et la reconnaissance faussement naïve de la Palestine à l'ONU, réclamée par les héritiers de l'OLP, en novembre

2012, confirmé par la résolution du parlement français, Assemblée Nationale et Sénat sur l'Etat de Palestine en novembre et décembre 2014.

La position française est totalement illisible et indique un atermoiement incompréhensible entre impératifs de succès économiques et d'approvisionnements stratégiques et idéaux républicains de démocratie libre, éclairée et responsable. Pire, cette position illisible provoque un nouvel antisémitisme qui se cache derrière l'antisionisme et une attitude hostile envers Israël, seule nation stable du Moyen-Orient et qui partage le modèle démocratique d'état de droit sensé être la base des valeurs de la République Française. En jouant le jeu, par calcul stratégique, de la sensibilité arabe en condamnant Israël à tout bout de champ et en pleurant sur les Palestiniens que l'on finance à l'aveugle tout en maintenant des rapports diplomatiques et économiques avec Israël, la France laisse à penser que des forces occultes la « tiennent » à propos d'Israël. Dès lors, l'idée qu'un complot américano-sioniste financier empêche la France de prendre totalement fait et cause pour la Palestine vient naturellement dans les esprits faibles ou retors, déjà influencés par l'antisionisme ambiant de la gauche française et l'antisémitisme ouvert ou latent dans l'Islam.

Comment se reconnaître dans cette politique totalement matérialiste qui va à l'encontre des valeurs de la France républicaine et va jusqu'à mettre en danger ceux qui nous ressemblent ? Comment faire adhérer les citoyens français à une République qui pratique une forme officielle de corruption et trahit ses valeurs au nom de ses propres intérêts ? Comment inspirer le respect de la nation et de la République à la jeunesse de France, surtout celle qui est d'origine étrangère et doit s'intégrer à l'histoire et aux valeurs de la France, si on les trahit nous-même ?

La France n'a pas réussi à obtenir la sécurité de ses approvisionnements stratégiques, ni la sécurité économique. Mais elle s'est attiré la haine de nombreux peuples et l'incompréhension d'un grand nombre de ses propres concitoyens qui ont une affreuse impression de corruption généralisée et qui ont de moins en moins confiance en leurs dirigeants et leurs institutions.

Plus que jamais, face à un monde arabe qui ne cesse de détonner à retardement comme une gigantesque bombe à sous munitions, en partie à cause des atermoiements et ambiguïtés des grandes nations démocratiques sensés rester fermes sur leurs valeurs dont elle fait partie, la France doit retrouver ses valeurs fondatrices et les principes du siècle des Lumières qui l'ont faite basculer dans ses valeurs. Elle doit s'y tenir, coûte que coûte, et renouveler l'alliance sacrée avec les nations libres qui les partagent et s'opposer fermement à tout compromis ou déviations matérialistes ou d'intérêt, quitte à devoir payer le pétrole beaucoup plus cher. Mieux vaut, et de loin, un pays en difficulté économique mais ferme et stable dans ses valeurs et sa vision du monde que ces tripatouillages diplomatiques et politiques qui ne nous ont jamais protégé de rien mais ont sapé nos valeurs, ont miné nos principes et ont semé la confusion tant chez nos véritables amis que chez nos propres concitoyens, surtout les plus jeunes.

Il est temps de courageusement en finir cette diplomatie de marchand du temple qui brade nos valeurs pour un profit financier et un avantage électoral dans les statistiques de l'INSEE et tant que nous n'aurons pas de valeurs de société communes ces pays et surtout à l'heure où la recherche et l'innovation nous permettent d'espérer nous débarrasser d'alliances contre nature , il faut en finir avec l'idée même d'une politique arabe de la France, relent abject de paternalisme colonialiste et conséquence occulte d'une décolonisation ratée.

Oui, il est question de courage, d'idéalisme voire d'un peu de naïveté. Il est question de personnifier les valeurs de liberté, d'égalité, de fraternité et d'affirmer, par une diplomatie cohérente, stable et ferme que cette foi en nos valeurs et en nos principes ne peut pas être entamée par des questions économiques et d'imposer par une position claire que la France ne peut pas être réduite à ses besoins stratégiques ou commerciaux.

6 LE MODÈLE ISRAÉLIEN POUR LA FRANCE

« Oui, c'est bien beau de critiquer et cet idéalisme républicain des Lumières est touchant de niaiserie naïve opposée à notre realpolitik de haut niveau d'intelligence et d'expérience diplomatique mais à part ça, concrètement, vous proposez quoi ? »

Il se trouve que comparer l'histoire récente de la France et du peuple Juif recèle quelques surprenantes similitudes qui peuvent laisser à penser que l'exemple d'Israël est un exemple à méditer pour notre vieux pays tellement effrayé par la modernité et le changement qu'il pense n'avoir le choix qu'entre la servitude et l'installation d'un rideau de fer. Jugez plutôt :

L'une des pires périodes de l'histoire du peuple juif, la Shoah, coïncide avec l'une des pires périodes de l'histoire de France, l'Occupation. La coïncidence n'en est toutefois pas une. L'inaction française face à Hitler, en 1935 quand il rompt le traité de Versailles par la création de la Luftwaffe, en 1936 avec la remilitarisation de la Rhénanie et l'Anschluss sur l'Autriche, et en 1938 lors de la crise des Sudètes, lui laisse les mains libres pour son programme de crime de masse. Plus la France s'est tue, plus les camps de concentration et la puissance de la Wehrmacht se sont développés. L'effondrement français qui débouche sur l'occupation est le « chèque en blanc » dont Hitler avait besoin pour son programme d'extermination. Rien n'eut été possible si la France lui avait tenu tête alors qu'il était encore faible et rien n'eut été possible si la France avait combattu efficacement. Hitler le savait. Il nous craignait. Mais nous nous sommes effondrés, dans la pire honte de notre histoire et Hitler a eu les mains libres en Europe pour mettre en place la solution finale à la question juive. Quand la France n'avait plus le droit de chanter la Marseillaise, les Juifs étaient envoyés à Auschwitz.

La reconstruction française après le drame national de l'Occupation se fait aussi dans un temps proche de la construction israélienne après le drame de la Shoah. La France se dote en 1946 de la constitution de la IVème République. Le peuple juif se voit attribuer une terre pour y faire un Etat lors du vote à l'ONU de novembre 1947 sur le plan de partage de la Palestine. Alors que la démocratie française se réinstalle, la démocratie israélienne est fondée en mai 1948.

En 1956, Israël et la France combattent ensemble contre un ennemi commun, soutenu par un ennemi commun. L'Egypte du socialiste nationaliste Gamal Abdel Nasser nationalise le canal de Suez avec la bénédiction marxiste de l'URSS. A l'époque, la France est le seul pays ou presque qui accepte de vendre des armes à Israël. Ce sont des avions français qui équipent l'aviation israélienne et les paras israéliens sautent d'avions français, en tenue de camouflage française !

Il faut souligner que la première guerre d'Israël après son indépendance a été menée aux côtés de la France, en uniformes et matériels français et les succès israéliens, que ce soit en aviation ou à bord des chars, seront les meilleurs publicités pour notre industrie d'armement.

Et alors que la France combat le Front de Libération Nationale soutenu également par l'URSS, en Algérie, Israël voit naître petit à petit l'Organisation de Libération de la Palestine, créée avec les conseils des spécialistes de la propagande soviétique. C'est une coïncidence, ou bien ça ne l'est pas, mais l'OLP est formée en mai 1964, sur un modèle de socialisme nationaliste de libération contre le colonialisme qui vient de faire ses preuves envers la France, 18 mois plus tôt, en septembre 1962 avec l'indépendance de l'Algérie aux accords d'Evian.

Il n'est pas nécessaire de rappeler les succès phénoménaux des armées israéliennes pendant la guerre des Six Jours de juin 1967 et le rôle, acclamé par les meilleurs pilotes israéliens, du Mirage III français qui fait la preuve pendant ce conflit que l'armement français est largement au niveau, voire même surclasse, l'armement soviétique lequel tient tête aux américains, au même moment, au Vietnam.

Les 20 années d'après-guerre où la France et Israël sont des amis et des alliés sont les 20 meilleures années de développement pour la France. Malgré les échecs militaires et l'instabilité politique, l'économie française renaît, se développe et permet, grâce évidemment aux aides américaines, de splendides réussites économiques, sociales et commerciales. C'est la période appelée « les trente glorieuses » où l'avenir sourit à la France qui est fière de son passé et regarde vers l'avenir

C'est malheureusement en 1967 que tout se gâte. Soucieux d'équilibrer la position stratégique française, le Général de Gaulle fait sortir la France de l'OTAN et décrète un embargo sur les armes à destination d'Israël. Il s'agit de rompre avec l'affrontement des blocs OTAN – Pacte de Varsovie et de sécuriser l'approvisionnement de la France en hydrocarbures depuis les pays pétrolifères arabes. L'année suivante, la France plonge avec effarement dans les révoltes un peu étudiantes et beaucoup marxistes de Mai 1968 ; en avril 1969, le Général de Gaulle quitte la présidence de la République après son échec au referendum.

Cinq ans plus tard, en octobre 1973, Israël vit sa période la plus sombre avec la Guerre du Kippour qui met l'armée israélienne à rude épreuve et instille le doute au sein d'Israël quant à sa survie. Pendant ce conflit, l'OPEP déclenche le premier choc pétrolier à destination de tous ceux qui soutiennent Israël. Mais malgré l'embargo de 1967, la France n'échappe pas aux répercussions économiques qui frappent le monde entier. Alors que la crise commence en France, une crise qui ne s'est jamais franchement terminée depuis, les débouchés commerciaux de notre industrie d'armement commencent à se tarir.

Le Mirage III s'était très bien vendu, comme le char AMX-30. On vendra quelques Mirage F1 et quelques Mirages 2000, notamment à des pays arabes impressionnés par les prouesses des avions français. Mais 40 ans plus tard, le Char Leclerc et l'avion Rafale ne trouvent plus de client et seront vraisemblablement les derniers produits 100% français de notre industrie d'armement.

Depuis 1967, la France mène une politique étrangère qu'elle veut pragmatique, sécurisant ses approvisionnements au détriment de ses valeurs. On ne compte plus les compromissions de la France avec des dictateurs arabes ou africains qui entrent par la grande porte dans le musée des horreurs de l'humanité.

De l'Irak chimique au Rwanda génocidaire, en passant par le Zaïre, la Côte d'Ivoire ou le Pakistan, les ardoises laissées par la diplomatie française commencent à peser très lourd sur la conscience nationale d'un pays qui a le sentiment, à juste titre, de perdre ses valeurs et son identité au profit d'influences étrangères, que ce soit par l'immigration de personnes qui ne veulent pas de l'identité française et n'en ont qu'après son modèle redistributif ou que ce soit par l'attrait qu'exercent des cultures étrangères à l'identité ferme et fière.

Face à cette conscience nationale en berne, ceux qui nous ont mené à cette impasse par leurs politiques désastreuses n'en finissent pas de désigner des ennemis et des influences pernicieuses qu'ils entendent combattre pour garantir la pérennité du modèle français, fut-il moisi. Pêle-mêle, l'Union Européenne, l'Euro, les USA, le libéralisme, l'OMC, l'OTAN ou les marchés financiers sont régulièrement accusés par nos Fouquier-Tinville modernes qui ne sont jamais loin d'accuser aussi le banquier juif, Israël, le Sionisme, l'Axe Tel Aviv-Washington, l'apartheid israélien, etc. Certains, d'ailleurs, y versent franchement et goulument tant le « libéralisme » et « le banquier juif » NPA ont été intrinsèquement associés dans la mentalité française qui, soit dit en passant, est régulièrement le bonnet d'âne en Europe et dans le monde pour l'enseignement et la connaissance des fondements et des principes économiques dans son système éducatif.

Pour ces accusateurs publics qui envoient à la guillotine de leur vindicte tous ceux qui, selon eux, sont suspects de trahir les idéaux pas franchement français mais franchement marxistes, la France est le dernier carré de la Garde d'un certain modèle social étatiste et redistributif, cerné et menacé par les Wellington du libéralisme anglo-saxon et par les Blücher de la démocratie chrétienne allemande, financés et soutenus par les Rockfeller israéliens. Et ils se feront une joie de leur dire le mot de Cambronne pour mourir stupidement en entraînant toute la France avec eux plutôt que de se rendre à l'évidence de leur aveuglement et de leur stupidité. Dans le tourment actuel de la France, il pourrait être salutaire de retrouver l'amitié et l'alliance d'Israël. Rassurez-vous, il ne s'agit pas de théories du complot où les riches banquiers américano-sionistes viendront illico sauver la France !

Il s'agit d'un simple et élémentaire retour aux sources. Que la France soit enfin fidèle à ses valeurs, même si ça lui coûte cher en pétrole du Golfe et en crispations diplomatiques avec des théocraties arabes, avec des dictatures africaines ou avec le marché chinois. La France doit réaffirmer son attachement sans partage au modèle de démocratie parlementaire d'état de droit basée sur des citoyens libres, responsables et qui font des choix individuels réfléchis pour le bien commun.

La France doit arrêter de jouer les jeux diplomatiques et propagandistes imposés par des terroristes politiques comme l'Autorité Palestinienne, Vladimir Poutine ou le parti communiste chinois. La France doit réaffirmer ses valeurs, retrouver les principes qui ont mené à sa révolution avortée de 1789-1792 et doit faire des choix courageux. Un symbole fort de ce retour français à ce qu'elle doit être serait la reconnaissance de Jérusalem comme capitale unique et indivisible d'Israël et le droit au retour des juifs sur toute la terre dont ils ont été dépossédés voici 2000 ans, surtout dans le cœur ancestral de la nation juive, la Judée et la Samarie.

Mais plus encore, il serait utile que la France observe Israël avec curiosité et désir d'apprendre parce qu'Israël est comme nous : un vieux pays, dans un jeune état, qui tient beaucoup à sa particularité linguistique et culturelle, à son indépendance, à son intégrité et à son identité. Pourtant, alors que nous français qui sommes en paix avons une terreur panique de l'avenir, de la modernité et de l'influence étrangère, Israël est une nation en guerre qui a une foi immense en l'avenir, qui est à la pointe de la modernité et qui est traversé de toutes parts par des influences étrangères dans le « melting-pot » le plus bigarré de l'histoire.

Israël est une nation vieille de plus de 3000 ans. La France est une nation vieille de plus de 1000 ans. Israël a rédigé sa constitution en 1948. La France a rédigé la sienne en 1958. Israël est un pays de 8 millions d'habitants sur une terre grande comme une région française. La France est un pays de 66 millions d'habitants sur une terre grande comme un état américain.

Ils sont en plein développement, en pleine confiance, ont le plein emploi, inondent le monde de leurs innovations, révolutionnent la médecine et l'agriculture et brandissent fièrement leur culture, leur langue, leur foi et leur identité que rien ni personne n'a jamais réussi à faire disparaître. Ils réussissent même à empiéter sur le sacro-saint showbiz américain en développant des programmes télé que les producteurs américains rachètent à prix d'or.

Nous sommes en plein déclin, en pleine méfiance les uns des autres, ne sommes jamais descendus en dessous de 8% de chômage depuis 40 ans. Notre système de santé s'essouffle, notre agriculture, pourtant la deuxième du monde, ne vit que de subventions ; la culture, la langue et l'identité française ne cessent de s'assoupir, sans même parler d'une foi qui déserte les églises et les temples pour laisser se remplir de jeunes délinquants dérangés des mosquées de fortune haranguées par des prêcheurs fous. En guise de show-biz, nous avons des artistes subventionnés pour leur médiocrité par un Ministère de la Culture et nous avons des programmes télé qui nous conduisent tout droit à la pharmacie pour acheter des antidépresseurs (remboursés par une Sécurité Sociale à bout de souffle). Clou du spectacle, les films et artistes français qui percent dans le monde sont méprisés avec une arrogance snob et élitiste chez nous.

Comment font les israéliens pour être aussi ouverts à toutes les cultures et pénétrés de tant d'influences diverses et être pourtant une des cultures les plus fières et les plus indépendantes qui soient ? Comment font les israéliens pour être aussi optimistes quant à l'avenir alors qu'ils sont entourés de tant de menaces et de tant d'horreur, parfois jusque dans leurs maisons ?

Comment font les israéliens pour développer une telle économie dans une terre qui a si peu de ressources naturelles, qui est entourée de tant de pays sans débouchés économiques et qui ne cesse d'accueillir de nouveaux immigrants ?

Comment font les israéliens pour être fidèles à leur identité ancestrale et antique tout en étant parmi les fers de lance du progrès, de l'innovation et de la modernité ?

La France a un exemple dont elle doit s'inspirer à beaucoup de niveaux. Ce ne sont pas les démocraties sociales scandinaves. Ce ne sont pas les modèles libéraux anglo-saxons. Ce ne sont pas les protectionnismes chinois ou Nord-Coréen. Le modèle qu'elle doit étudier est un petit pays qui, comme elle, est une vieille nation fière qui veut garder son identité et qui veut la transporter intacte dans l'avenir.

7 PRO-ISRAELIEN ?

« Un coup vous dites qu'il ne faut pas réduire la France à son business et là, vous expliquez que votre seule attrait pour Israël, c'est ce qu'il pourrait nous apporter en terme de modèle de développement ! Tout ça pour une simple question de matérialisme, donc ? »

Non, loin de là. Tout ça pour une simple question d'authenticité des valeurs, de communion de pensée, de racines communes et aussi d'une dose incontournable de légitimité historique.

Les juifs sont actuellement sans doute le peuple non-primitif le plus ancien de l'histoire. Alors que toutes les autres peuplades antiques ont été noyées dans les conquêtes et autres assimilations, les juifs font remonter leur histoire en ligne directe aux premiers âges de l'Antiquité, presque aux portes de la Préhistoire. Dès le début de leur existence, d'abord comme les douze frères fondateurs des douze tribus d'Israël, ils ont été farouchement indépendants et libres. Ils étaient pourtant esclaves en Egypte, rétorquerez-vous ! Certes, mais leur libération a fait l'objet du premier grand combat anti-esclavagiste de l'histoire, qui a failli mettre la puissante Egypte à genoux. Mythes bibliques, pas historiques, direz-vous ! Peut-être, mais même si l'on ne considère ce récit que comme un mythe, il reste un mythe fondateur de la nation juive, ce qui caractérise son attachement à la liberté et à l'indépendance.

Devenus un Etat-Nation, ils n'ont jamais été un grand empire et n'en ont jamais ressenti le besoin. C'est peut-être l'un des rares peuples de l'histoire qui s'est toujours contenté de son lopin de terre. Passée la conquête initiale de la terre de Canaan, la terre promise par Dieu, ils n'ont jamais poursuivi de désir impérialiste sur leurs voisins, malgré d'incessantes guerres avec eux. Le seul peuple qui ait été entièrement conquis et détruit par Israël, les Amalécites, représentait une telle menace pour la survie même d'Israël que Dieu a ordonné sa destruction complète. Dans son ordre, il était précisé que ce n'était pas une guerre de conquête économique mais une guerre de survie puisqu'aucun butin, aucun enrichissement ne devait être tiré de ce drame. Les Amalécites devaient être détruits, complètement et y compris leurs possessions et leur bétail. La désobéissance du Roi Saül à cet ordre entraînera sa chute sous la colère divine. Fadaises religieuses, dites-vous encore ? Au minimum et vous ne pouvez pas le balayer aussi facilement, légende retenue dans les mythes constitutifs de la mentalité du peuple juif, puisque inscrite dans la Torah.

Ils ont tout de même dû conquérir et massacrer tous les peuples de Canaan pour pouvoir s'y installer, dit-on souvent, et c'est pourtant faux. Les étrangers qui souhaitaient vivre au sein du peuple juif y étaient pleinement acceptés.

Israël est une des premières nations à codifier un statut de l'étranger et de l'accueil de l'étranger en son sein, inscrit dans la Torah, et l'histoire d'Israël est également constituée de personnages étrangers, parfaitement intégrés et même instrumentaux dans la destinée d'Israël. Ruth la Moabite n'est pas juive et devient pourtant l'aïeule du Roi David qui lui-même confiera d'importantes missions à des étrangers comme Huschaï l'Arkite, envoyé pour espionner la rébellion de son fils Absalom, ou même le pauvre Urie le Hittite qui, avant d'être piégé par David qui convoite sa femme, est un des officiers de l'armée royale. Ce crime vaudra d'ailleurs au Roi une dramatique réponse qui lui fera comprendre, dans ce qu'il a de plus cher, qu'il n'est pas au-dessus des lois, à une époque où l'absolutisme arbitraire est la norme dans les autres peuples et royaumes.

D'ailleurs, les récits des Rois et Chroniques d'Israël montrent une très particulière et très précoce forme de séparation des pouvoirs. La Loi, promulguée par Dieu, s'impose à tous, y compris au Roi lui-même, qui ne peut s'y soustraire sans se voir rappeler à l'ordre par les prophètes de Dieu agissant comme un pouvoir judiciaire, n'hésitant pas à contrecarrer les décisions royales ou à imposer des mesures au gouvernement d'Israël ou de Juda après la sécession. Cette absence d'absolutisme royal est flagrante dans l'épisode où la Reine Jézabel, une princesse sidonienne, habituée à ce qu'on lui obéisse au doigt et à l'œil, ne peut pas comprendre que son époux, le Roi Achab, soit impuissant lorsque le simple citoyen Naboth refuse de lui vendre un champ.

Au carrefour des grands empires, les deux royaumes Juifs d'Israël et Juda résisteront toujours aux plus grandes puissances, tentant toujours, par tous les moyens, de préserver leur indépendance ou de la restaurer, une fois perdue, en illustration antique du droit des peuples à disposer d'eux-mêmes.

Cette perpétuelle volonté de liberté leur vaudra des guerres incessantes contre l'impérialisme de leurs voisins et souvent dans l'histoire, ce ne sera que dans le sang, les cendres, les déportations et la destruction complète de leurs villes et capitale que les Juifs seront soumis. Même le terme de soumission est ici galvaudé parce que généralement, il ne restait plus rien à soumettre tant la destruction matérielle et socio-économique était complète. Les Rois Assyriens et Babyloniens devront assiéger et prendre Jérusalem plusieurs fois, déporter d'abord les élites juives et installer des gouvernements fantoches qui, eux aussi, se rebelleront pour restaurer l'indépendance. Nabuchodonosor II détruira complètement Jérusalem et déportera l'essentiel du peuple juif en Mésopotamie, raison pour laquelle d'importantes communautés juives existaient encore en Irak et en Iran jusqu'au milieu du XXème siècle. Les Romains iront le plus loin en détruisant Jérusalem en 70 après JC, presque pierre par pierre, déportant massivement les descendants de ceux qui étaient revenus de Mésopotamie pour à nouveau créer un gouvernement sinon indépendant du moins autonome. Ils iront jusqu'à la rebaptiser Aelia Capitolina pour signifier aux Juifs qu'ils étaient définitivement arrachés à leur terre, à leurs traditions et à leur héritage.

Pourtant, malgré tout, alors que les Empires égyptiens, assyriens, babyloniens, perses, grecs, romains, musulmans et ottomans ont disparu, le peuple juif existe toujours, toujours attaché à sa terre, à ses traditions, à sa langue, à son héritage. Cet esprit de résistance aux impérialismes et totalitarismes, pourtant surpuissants face à la faiblesse juive, leur fait traverser les siècles et enterrer tous leurs ennemis, ajoutant à cette liste les royaumes européens qui les ont ségrégés ou même expulsés : la Russie Tsariste qui a inventé le mot Pogrom, la 3ème République française qui a hurlé au traître Juif pendant l'Affaire Dreyfus, le 3ème Reich qui avait décrété leur extermination et l'URSS qui a discrètement continué les persécutions tsaristes. Pendant près de 19 siècles, tout en s'intégrant du mieux possible pour survivre dans leurs différents pays d'adoption (on pourrait presque dire « pays de concentration », au sens nazi du terme pour certains), ils n'ont cessé de répéter à chaque Pâque juive : « L'an prochain à Jérusalem », indomptables et farouches dans leur volonté de rentrer chez eux et de retrouver leur nation. Quel peuple peut en dire autant ? Les Assyriens ont disparu et Babylone n'est qu'un musée à ciel ouvert. Les Perses ont disparu et Suze avec eux. Les Romains ont eux-mêmes abandonné Rome pour Ravenne. Les Byzantins se sont mêlés aux Turcs et ont oublié Constantinople. Les Gaulois n'existent plus et l'on ne sait même plus où est réellement Alésia.

Leur étonnante capacité de résistance à l'adversité est encore confirmée par les quatre guerres en quarante ans depuis la création de l'Etat d'Israël en 1947. Sans armée, sans matériel, sans soldats entraînés et sans réserves, écrasés par un blocus sur les armes et en infériorité numérique criante, ils ont renversé la tendance et sauvé leur toute jeune nation naissante dans des faits d'armes pour lesquels le mot « glorieux » est presque faible. En 1956, en 1967, en 1973, quels que soient leurs opposants et leur nombre, ils ont dominé, résistant même au-delà du raisonnable. On dit souvent qu'en guerre, c'est le plus motivé qui l'emporte ; les Juifs ont su faire preuve à chaque fois d'une exceptionnelle motivation et d'un courage à déplacer des montagnes.

On peut les détester parce qu'ils sont apatrides, parce qu'ils ont gardé leur culture, leurs traditions, leur foi. On peut les mépriser parce qu'ils ne sont pas devenus tout-à-fait nous. On peut vouloir les exterminer parce qu'on pense que ce sont des parasites formant une sous-race. Ou au contraire, on peut les détester en raison de cette indépendance résiliente, farouche et douce à la fois, de cette arrogance de peuple élu qu'ils ont appris à ne pas manifester. Quelle que soit la forme de haine qu'ils suscitent, ils ont traversé les siècles avec leur histoire, leurs traditions, leur langue, leur foi, avec ténacité et courage. Quel étonnant paradoxe qu'Hitler, qui ne jurait que par un peuple pur et enraciné dans l'histoire, une race supérieure capable de résister, de survivre et de triompher de tous ses adversaires, s'en soit justement pris au seul peuple qui convenait parfaitement à cette définition !

Le chapitre précédent l'a évoqué et sans entrer dans les détails de chiffres et de graphiques, il est un fait sur lequel tous les historiens et économistes s'accordent : seuls deux pays ont réussi l'exploit de devenir un pays développé, en partant de rien, en l'espace de seulement cinquante ans et ces deux pays sont la Corée du Sud et Israël.

En rentrant dans sa terre ancestrale, sans ressources naturelles comparables au pétrole et en partant d'une région sous-développée de l'empire Ottoman avec pour activités majeures le pastoralisme, l'artisanat et la pêche, Israël est aujourd'hui un pays en pointe dans l'industrie high-tech, l'informatique, la médecine et la chirurgie de haut niveau, l'agriculture industrialisée, notamment en renversant le phénomène de désertification pour augmenter ses terres cultivables, fait unique dans l'histoire. Le niveau de vie est tout à fait comparable aux nations occidentales, avec une espérance de vie similaire. Le système éducatif est excellent et les universités israéliennes produisent chaque année des ingénieurs, scientifiques et intellectuels de niveau international. Il faut bien sûr considérer que ce développement se fait malgré la menace constante de pays voisins qui ne reconnaissent que très progressivement l'existence d'Israël et que certaines puissances régionales majeures refusent toujours de le faire. Le pays est encadré de groupuscules terroristes musulmans radicaux, Hezbollah au Liban au nord, Brigade des Martyrs d'Al Aqsa et Jihad Islamique en Cisjordanie à l'est, Hamas dans la bande de Gaza à l'ouest et groupes salafistes liés à Al Qaeda dans le Sinaï au sud.

Malgré la menace conventionnelle de pays voisins et la menace terroriste permanente, l'économie et la société israélienne se portent très bien. Israël est un pays libre, démocratique, fondé sur l'état de droit, garantissant la liberté d'expression et la liberté de la presse. Il suffit pour s'en convaincre de considérer l'incarcération d'un ancien président condamné pour agressions sexuelles et viols ou la virulence des interviews des chefs de l'armée par la presse israélienne en 2006 lors de l'opération Plomb Durci au Liban. L'alternance politique fonctionne très bien, les trois grands partis de gauche, du centre et de droite s'étant succédés et même complétés dans des gouvernements de coalition qui ne paralysent pas les institutions. Le processus électoral est éprouvé et se déroule sans heurts et avec un niveau d'intégrité absolument comparable aux nations occidentales.

D'un point de vue de la citoyenneté, Israël est un pays modèle en termes d'intégration. Bien que la judéité et l'immigration juive soient des facteurs essentiels de l'intégration, ils ne sont pas exclusifs. L'acquisition de la citoyenneté israélienne est très ouverte, comme en témoignent les israéliens chrétiens et musulmans d'origines ethniques différentes. L'intégration de Juifs du monde entier est également une merveille d'ouverture de la société, chaque communauté apportant sa différence à la grande communauté israélienne. La variété de langues, d'origines et de cultures au sein de la société israélienne en font un des « melting pot » les plus vastes et les plus réussis au monde tant mondialement qu'historiquement.

Chose remarquable qu'il faut souligner, en signe de la vitalité de la société israélienne, la réhabilitation et la résurrection de l'Hébreu, en tant que langue vivante et officielle, qui avait atteint le statut de langue morte et est longtemps resté cantonné aux rites religieux israélites. Un autre signe stupéfiant de la capacité de résistance de ce peuple et de son attachement indomptable à son identité.

L'on constate aisément que les principes historiques et traditionnels de la société israélienne, cités plus haut, continuent d'irriguer la vie et les institutions israéliennes modernes : l'égalité devant la loi, le refus d'une quelconque tyrannie, la séparation des pouvoirs, l'accueil et l'intégration de l'étranger. Plus on réfléchit et analyse le fonctionnement juif, plus on se rend compte que notre modèle politique occidental de liberté et de responsabilité individuelle du citoyen dans un état de droit démocratique ouvert et tolérant est très clairement influencé par le modèle israélite traditionnel et non pas seulement par le modèle grec antique ou le christianisme régulièrement invoqués.

L'existence moderne d'Israël et l'application naturelle de ces principes en son sein malgré des siècles d'exil et d'influences politiques diverses est également une preuve particulière de l'universalité et de la pérennité de ces valeurs quand on ne les oublie pas, ou qu'on choisit de ne pas les abandonner ou les tordre. C'est l'un des arguments les plus évidents, pour qui veut le comprendre, le soutien à Israël s'impose naturellement à qui y croit et veut le défendre.

8 MAIS LES PALESTINIENS ?

« Ok, mais il y a un gros problème dans tout votre raisonnement ! les Palestiniens. On ne peut pas faire comme s'ils n'existaient pas ! »

Non, en effet, mais il s'agit de les définir sereinement et à l'abri de tout argument politique. Retour à l'histoire.

Cela a été évoqué, le mot « Palestine » a été créé par l'occupant romain, après qu'il ait détruit ce qu'on appelait alors la Judée, avoir détruit Jérusalem, avoir chassé sa population en la rendant même durant un certain temps interdite de séjour en cette terre. La cruauté romaine était proportionnelle à l'attachement des Juifs à leur terre. Pour détruire toute forme de résistance juive à la domination romaine, la méthode fut de procéder à un véritable viol moral, tentant de dénaturer durablement jusqu'à la terre.

En la « romanisant », en latinisant les noms ou en les réinventant, en favorisant l'installation des nomades du désert et en éparpillant les Juifs en petites communautés persécutées dans le monde romain, les Romains espéraient déraciner définitivement le rêve d'indépendance et de souveraineté des Juifs sur leur terre.

Malgré tout, l'histoire montre que les Juifs ont toujours tenté de revenir. Lors des conquêtes menées par les Arabes puis par les Croisés, la population juive est minoritaire mais bien réelle. Pendant toute la période musulmane, Jérusalem et l'ancienne Judée désormais appelée Palestine ne sont qu'une région des différents empires musulmans.

Une région d'ailleurs sans grand attrait et qui ne fait pas l'objet d'un développement économique ou culturel important. En dehors du caractère sacré de Jérusalem pour les musulmans, bien que le texte coranique qui semble désigner Jérusalem soit sujet à interprétation, cette terre ne représente pour l'Islam qu'une conquête et comme faisant partie de l'Oumma, la communauté des croyants.

D'un autre côté, également indéniable, l'idée d'une nationalité arabe ne fait jour que sous la domination ottomane ; cette nationalité n'est pas tant attachée à la terre qu'à l'ethnie. Lorsque les britanniques conquièrent la Palestine en 1917, il n'existe pas de revendication palestinienne. Mais il existe une frustration nationaliste arabe, et encouragés par les britanniques à se rebeller contre les Ottomans, les arabes rêvent d'un grand état arabe allant de la Méditerranée à l'Euphrate et du Yemen au désert de Syrie.

Dans ce mouvement nationaliste qui verra la création, pour le Royaume du Hejaz du drapeau qu'ils appellent aujourd'hui palestinien, ce que souhaitent les arabes de Palestine n'est pas un état palestinien mais l'intégration de la Palestine dans un grand état qui serait une revanche arabe sur le califat ottoman.

De manière générale, l'attachement des Palestiniens à cette terre n'a aucune commune mesure avec celui des Juifs. La seule fois dans l'histoire où les Juifs ont eu un pays, un état, des lois, des gouvernants, c'est sur cette terre, ils n'en voulaient pas d'autre et n'en voulaient pas plus. Leur seule capitale politique et spirituelle a toujours été Jérusalem. Pour les Arabes et les Turcs, ce n'était qu'une région sous-développée d'un grand empire musulman en expansion constante dont la capitale était soit Bagdad, soit Damas soit Constantinople et dont le centre spirituel était à la Mecque et à Médine avant d'être à Jérusalem. Lorsque les Juifs d'Europe de l'Est commencent à émigrer vers la Palestine ottomane à la fin du XIXème siècle, sous l'influence du Sionisme, cela fait déjà longtemps que, malgré tout, les Juifs sont redevenus majoritaires à Jérusalem et vivent en Palestine ; que tous, autant les autorités civiles ottomanes que religieuses musulmanes, la considèrent comme terre historique du peuple d'Israël, ainsi que l'expose le Coran lui-même.

D'ailleurs cette immigration d'hommes, de savoir-faire et de capitaux rend la Palestine à nouveau attractive aux yeux des arabes et elle est souhaitée par les Ottomans. La vente de terres aux Juifs rapporte des fonds inespérés et ceux-ci irriguent l'économie locale qui connaît une croissance constante, ayant un impact sur l'emploi. Les Palestiniens voient leur niveau de vie augmenter, leur cadre de vie se civiliser. Beaucoup peuvent sortir du pastoralisme pour devenir travailleurs agricoles, artisans ou commerçants.

Mais, si les Juifs ont dans leurs codes religieux et traditionnels un statut de l'étranger intégré, les musulmans n'ont religieusement pas le droit de vivre sous une souveraineté autre que musulmane ; lorsque les revendications sionistes à l'autonomie et à l'indépendance prennent trop d'importance, les tensions et conflits éclatent et s'enveniment jusqu'au plan de partage de 1947. Ce plan est accepté sans négociation par Israël qui ne se voit attribuer qu'une bande côtière et un désert, laissant la part belle aux Palestiniens ; mais eux le refusent au nom du « tout ou rien » et choisissent l'épreuve de force pour tenter de reprendre dans le sang des terres légalement vendues. Ils auraient par la même récupéré un tissu économique qu'ils n'ont jamais su créer. Ils rejettent toute idée de partage, de négociation et de conciliation avec les Juifs, n'hésitant pas à clamer qu'ils les rejetteraient à la mer.

Le drame palestinien est là, dans ce refus perpétuel du partage et de la négociation. Après leur défaite de 1949, plutôt que d'accepter le verdict des armes et d'instaurer une paix qui aurait pu mener à une solution négociée acceptable pour tous, les dirigeants arabes appellent leurs populations à l'exil, jetant des centaines de milliers de compatriotes dans des camps de réfugiés au Liban et en Jordanie pour laisser la Palestine entièrement libre à des actions de guerre et de reconquête face à Israël. Mais ils ne l'ont jamais reconquise ; ils ont laissé la situation des réfugiés pourrir et devenir un problème sécuritaire pour la Jordanie qui règlera la question dans le sang en Septembre 1970 et pour le Liban qui, incapable de faire face à l'état dans l'état que représentait l'OLP de Yasser Arafat, sombre dans une guerre civile de 15 ans. Depuis, quels que soient les plans de paix, les feuilles de route, les négociations et autres tentatives de conciliation, les Palestiniens choisissent perpétuellement la manière forte, l'affrontement et le conflit, imposant à Israël un choix impossible et posant des conditions qu'ils savent intenables pour les dirigeants israéliens. Ce conflit perpétuel, dont ils sont eux-mêmes les otages volontaires, ne peut se résoudre selon eux que dans le malheur pour Israël.

Alors quid des Palestiniens ? Hélas, il n'est pas tant question des Palestiniens que de la cause palestinienne. Dans une terre où les arabes n'ont jamais su se développer, qu'ils n'ont pas su exploiter, qu'ils n'ont pas réussi à mettre en valeur, la revendication palestinienne ne peut être qu'une farce. Qui voudrait créer un état pour revenir à la misère, au sous-peuplement et au sous-développement qui était manifeste avant l'immigration juive d'Europe dans les années 1880 ? Que proposent les promoteurs de la cause palestinienne ? Depuis les années 20 et les premiers agissement d'Hadj Amin Al-Husseini, le chef historique et âme damnée de la cause palestinienne, il n'est question que de captation de pouvoir, de corruption, d'incompétence, d'enrichissement frauduleux, d'émeutes, d'exactions, de meurtres et de crimes contre l'humanité. Au mieux proposent-ils une vague adaptation d'une planification économique inspirée du socialisme nationaliste panarabe qui ne cesse plus de s'effondrer partout où il a été mis en place, débouchant sur la montée de l'Islam radical et sur les violences crapuleuses, ethniques et religieuses, un cocktail d'ailleurs déjà bien en vogue chez les Palestiniens. La cause palestinienne, appuyée sur le rêve d'un grand état arabe et musulman de l'Euphrate à la Méditerranée et du Yémen à la Turquie, n'a plus aucune forme de légitimité ou de crédibilité. Qui a encore intérêt à la cause palestinienne ? Seule une élite palestinienne avide de pouvoir et de richesse, basée sur un nationalisme arabo-musulman inspiré des thèses nazies et soutenue plus ou moins par un monde arabe nostalgique de sa grandeur y a encore intérêt.

L'individu palestinien, dans tout ça, n'a pas d'importance. Sa vie, son épanouissement, l'avenir de sa famille, tout ça ne compte pas. Ce qui compte, c'est qu'il serve, par ses souffrances réelles ou mises en scène, à justifier la cause palestinienne et à légitimer un état palestinien qui ne sera jamais légitime. Dès le berceau, on le familiarise avec les armes, avec les tenues de combat, avec les ceintures d'explosifs. Dès l'enfance, on lui apprend à haïr le juif tenu pour responsable de toutes les souffrances de la nation islamique. Dès l'adolescence, on l'aguerrit à lancer des pierres contre les chars de Tsahal, on l'entraîne à poignarder des juifs, on lui apprend le maniement des roquettes ou les secrets d'une propagande rodée. S'il arrive à l'âge adulte, il aura des enfants qu'à son tour il embrigadera sans scrupules dans la tradition de haine anti-juive dont il a hérité.

Pourquoi ? Par haine ancestrale et religieuse du Juif qu'il faut soumettre à la préséance de l'Islam, qu'il faut massacrer s'il résiste, et par rêve de l'unité islamique des terres conquises au 7ème et 8ème siècle. La légitimité de la cause palestinienne est dans ce projet terrible qui n'a pas pris une ride depuis 1948 : rejeter les Juifs à la mer et se débarrasser d'Israël.

La haine du juif est la seule raison de toute cette infâme manipulation génétique de l'histoire des hommes. Pour continuer à attaquer et harceler les juifs, on a créé de toutes pièces un peuple dont la seule raison de vivre sera de justifier la haine du juif et, in fine, de le combattre et de l'exterminer. Il suffit de voir auprès de qui cette cause palestinienne s'est développée pour s'en convaincre. Le chef historique de la cause palestinienne, Hadj Amin Al Husseini, a passé la Seconde Guerre Mondiale à Berlin, a encouragé la formation d'unités SS musulmanes, s'est personnellement impliqué dans la solution finale à la question juive en s'opposant auprès d'Eichmann à la déportation en Palestine d'enfants juifs bulgares qui sont morts dans les camps nazis et en étant parfaitement informé, par Himmler en personne, des buts et méthodes de la Shoah. Après-guerre, d'anciens officiers SS encadreront les fedayin palestiniens, pendant que des criminels contre l'humanité étaient recrutés par la Syrie ou l'Egypte comme conseillers face à Israël. Aujourd'hui encore, les ennemis d'Israël, Hezbollah, OLP, Fatah et Hamas, font le salut hitlérien, refusent d'enseigner la Shoah et glorifient le Führer. Cette cause palestinienne, qui n'est autre que le prolongement de l'antisémitisme nazi par d'autres moyens, a créé artificiellement tout un peuple. Est-ce étonnant quand ses inspirateurs pensaient pouvoir éliminer tout un peuple avec la même facilité ?

La cause palestinienne, hélas n'est qu'un gigantesque crime contre l'humanité : l'élevage esclavagiste et totalitaire de millions de personnes dans le seul objectif de haine et d'extermination des juifs à des fins de pouvoirs d'une case d'oligarques corrompus qui s'enrichissent et jouent à la table des grands du monde en s'appuyant sur un peuple « Frankenstein » créé uniquement pour en éliminer un autre. C'est une horreur indicible et d'une perversion insoutenable.

Et la seule porte de sortie, le seul espoir de développement et de paix pour ce peuple opprimé et instrumentalisé par ses chefs est sans doute, ironie suprême, l'état qu'on leur a appris à haïr plus qu'il n'aiment la vie : Israël.

Tout simplement parce qu'Israël est le seul pays du Moyen-Orient où les arabes musulmans ou chrétiens ne craignent rien et où les citoyens arabes d'Israël sont heureux, prospères et ont une chance d'avenir.

9 OBJECTION !

« Non, non, non non, et non ! On nous le dit depuis 40 ans : Israël, c'est le colonialisme impérialiste capitaliste et tout défense d'Israël relève d'une apologie du fascisme, de l'oppression des minorités, du déni de démocratie et est contraire à toutes les valeurs humanistes ! »

Pourtant, défendre Israël est anticolonialiste : c'est défendre le droit des juifs à occuper et à gérer leur terre ancestrale sans devoir se soumettre à l'avis ou à l'oppression d'une autorité coloniale musulmane arabe ou turc ou chrétienne européenne.

Pourtant, défendre Israël est anti-impérialiste : c'est défendre le droit des juifs à résister contre l'impérialisme arabo-musulman qui les entoure et qui cherche à détruire leur particularisme ethnique, culturel, national et religieux pour imposer sa suprématie sur le sud-méditerranéen, avant de s'attaquer à l'ensemble du pourtour méditerranéen.

Pourtant, défendre Israël est anticapitaliste : c'est défendre les travailleurs, les paysans, les ingénieurs, les inventeurs israéliens qui ont fait d'une terre désertique, inculte et sans ressources naturelles un pays démocratique développé à la pointe de l'agriculture et des industries de haute technologie, contre la puissance financière outrancière de la caste dirigeante autocratique et raciste des pays producteurs de pétrole qui exploitent les ressources de la planète sans aucune retenue, exploitent la pauvreté de travailleurs pakistanais, indiens, arabes et même des palestiniens, se livrent à une corruption mondiale décomplexée envers les politiciens du monde entier et déstabilisent l'économie et la géopolitique au gré de leurs caprices pour ensuite racheter à tour de bras des actifs dans des pays qu'ils sabotent.

Pourtant, défendre Israël est antifasciste : C'est défendre les juifs contre l'héritage nazi qui a inspiré les thèses de la cause palestinienne et contre les violences qui leur sont faites en Europe et aux USA au nom d'un antisémitisme néo-nazi et d'extrême-droite ; nous défendons Israël contre la menace du nationalisme socialiste arabe, auréolé d'un militarisme inspiré du fascisme des années 30, de la part des pays limitrophes d'Israël.

Pourtant, défendre Israël est prendre la défense des minorités : c'est défendre les 8 millions d'Israéliens contre les 300 millions d'arabes qui veulent la destruction d'Israël, soutenus par plusieurs autres millions d'antisionistes. Nous défendons les 13 millions de juifs dans le monde contre peu ou prou 1,6 milliard de musulmans qui veulent leur extermination ou qui fermeraient les yeux sur un tel crime, soutenus par plusieurs millions de nationalistes occidentaux et de catholiques fondamentalistes qui veulent venger un déicide, sans parler du reste des millions d'occidentaux qui n'en auraient cure si ça arrivait.

Pourtant, défendre Israël est prendre la défense de la démocratie et de l'humanisme : c'est défendre la seule démocratie parlementaire d'état de droit, basée sur la liberté et l'égalité des citoyens, qui fonctionne depuis plus de 60 ans au milieu d'un conglomérat d'autocraties policières et de monarchies religieuses féodales qui méprisent complètement les droits élémentaires de la nature humaine et persécutent leurs populations pour se maintenir au pouvoir, si besoin à grands coups de crimes contre l'humanité.

10 DÉFENDRE, JUSQU'AU BOUT

« Ouais, mais on n'est pas juifs ni israéliens donc on s'en fout, c'est pas notre guerre. C'est suspect, quand on n'est pas juif de défendre Israël et ceux qui le font ont certainement des raisons cachées ! »

Lesquelles ?

« Ils sont agents du Mossad ! »

Et ils ont aussi tué Kennedy, enlevé Marylin Monroe qui n'a toujours pas vieilli, dynamité les Twin Towers et font la fête du saucisson tous les week-ends avec Oussama Ben Laden.

« Les banquiers juifs les tiennent par les roubignoles ! »

Aujourd'hui, franchement, c'est plutôt l'Etat français avec son administration étouffante et ses impôts et taxes les plus élevées du monde occidental qui tient tout le monde par les roubignoles...

« Ils sont fans de Patrick Bruel ! »

Patriiiiiiiiiiiiiiiiiiiiiiiiiiiiiiiiiiiiiiiiiick !!! Plus comme acteur que chanteur d'ailleurs mais non, désolé. Voire même on le déteste parce que nos copines étaient amoureuses de lui quand on était ados et elles le sont toujours vingt ans après parce qu'il vieillit bien, l'enflure.

« Ce sont des foutus blancs racistes qui en veulent aux arabes ! »

Raciste et « ami des juifs » dans la même phrase, ça colle pas, regardez Jean-Marie Le Pen...

« Ils aiment le film Rabbi Jacob ! »

Voilà une excellente raison, parce qu'on aimerait beaucoup danser comme Rabbi Jacob et faire autant de bien aux français qu'en a fait Louis de Funès... mais toujours pas.

« Ils sont secrètement amoureux de Bar Rafaeli ! »

Nos âmes profondes de Verts Galants français qui ont toujours « dans nos chemises, une lettre à Clorise » seraient en effet charmés par « cet ouvrage parfait que le Ciel a formé » mais passé un certain point, ça relève de la psychiatrie...

« C'est des réactionnaires qui admirent l'armée israélienne ! »

Pas faux ! Quand on voit les fessées magistrales infligées aux dictateurs et autres brailleurs arabes de la région pourtant très supérieurs en nombre et en matériel et qui sont repartis en pleurant, on ne peut s'empêcher de sourire !

« Ce sont des Néo-Nazis qui soutiennent une occupation nazie ! »

Il est conseillé, d'arrêter Youtube, d'apprendre à lire et d'acheter acheter un bouquin d'histoire avant de nous débiter des débilités au mètre.

« Avec celle-là, je vous tiens : Ils sont islamophobes ! »

Y a-t-il, dans tout ce livre, la moindre attaque haineuse et psychiatriquement phobique, comme l'insinue l'utilisation du suffixe « phobe », contre l'Islam en tant que religion, contre la foi musulmane en tant que spiritualité ou contre les musulmans en tant que croyants, ou même contre les Arabes en tant que race ou ethnie ? On a le droit de ne pas adhérer aux thèses religieuses de l'Islam, on a même le droit de rejeter le modèle de vie islamique et on le droit d'avoir un avis sévère sur les implications politiques de la religion et de l'histoire islamique sans être traité de névrosé haineux et paranoïaque. Rejeter l'Islam comme modèle de société, comme inspiration politique et s'opposer à ses aspects les plus sombres n'empêche pas de reconnaître l'histoire de l'Islam, d'admirer certains aspects de la civilisation arabo-musulmane et même de souhaiter la préservation de sa mémoire.

Par exemple, les Aztèques ont façonné une civilisation brillante, fascinante, complexe et qui a apporté beaucoup à la culture de l'humanité. C'est une civilisation qui doit être étudiée, dont l'héritage et l'histoire doivent être préservés, jusque dans son aspect religieux et spirituel. Mais le premier descendant d'Aztèque, en France ou ailleurs, qui se met à faire des sacrifices humains et qui réclame qu'on respecte les aspects meurtriers de sa religion par souci de sa sensibilité se verra immédiatement opposer les mêmes principes qui s'opposent aux méfaits de l'Islam radical ; il aura beau accuser tout le monde d'Aztèquophobie, il n'aura pas gain de cause.

Ce qui est en cause, dans le cas d'Israël, n'est pas l'Islam en tant que tel, les Musulmans en tant que tels ou les Arabes en tant que tels. Ce qui est en cause, c'est le volet politique de l'Islam qu'une frange de fondamentalistes veut appliquer et ainsi imposer une souveraineté islamique sur toutes les terres revendiquées par les conquêtes musulmanes. C'est le fanatisme religieux au sein de l'Islam qui conduit certains à vouloir appliquer à la lettre les textes génocidaires des Hadiths et des biographies officielles de Mahomet à propos des Juifs. C'est le nationalisme arabe, qu'il soit caché sous un aspect religieux ou porté par des thèses national-socialistes panarabes.

En résumé, ce sont les aspects totalitaires des thèses islamistes ou antisionistes basées sur l'Islam qui sont en cause et certainement pas l'Islam en général et sans distinction, dans le merveilleux amalgame dont sont accusés ses opposants mais qui est le fait de ses défenseurs.

« Alors pourquoi soutenir Israël quand on n'est pas juif ? »

Ce sera la conclusion, en forme d'appel à la prise de conscience.

On croyait avoir gagné la Seconde Guerre Mondiale mais la peste brune revient. On croyait avoir gagné la Guerre Froide mais la peste rouge est juste devenue plus intelligente et sournoise. On ne s'est pas méfié, on croyait avoir vaincu. Mais on se réveille dans un monde où la liberté meurt, où l'état de droit est remplacé par l'état providence, où la technocratie l'emporte sur la démocratie avec la complicité des peuples qui ont en assez de devoir être intelligents.

L'obscurantisme, la superstition, la tyrannie, la féodalité, etc. tout ce contre quoi nous nous sommes battus en 1642 en Angleterre, en 1776 en Amérique, en 1789 en France et en 1801 en Haïti revient en force sous de nouveaux atours séduisants, pragmatiques et chatoyants ou bien sous des aspects de violence barbare et d'embrigadement religieux fondamentaliste.

Sous les multiples assauts de ceux qui veulent sa disparition pour des raisons politiques ou religieuses, nous sommes au crépuscule du Monde Libre qui a déjà été largement conquis face à quoi Israël est comme les derniers légionnaires de Camerone, comme le dernier carré à Waterloo, le dernier bastion, le symbole ultime de la défaite de la liberté, de la justice, du droit et de l'égalité.

Israël est la dernière forteresse qu'il faut abattre pour réécrire le monde, redessiner les cartes, recadrer les rapports entre les humains, redéfinir l'humain jusque dans son âme. Israël, ce vieux peuple dont la Bible est l'histoire nationale, représente le dernier ancrage d'un monde occidental basé sur un schéma de pensée judéo-chrétien en renouvellement constant et qui ne peut pas être réduit à ses erreurs passées, à ses dogmes parfois hérétiques et à ses interprétations temporelles de situations ponctuelles. Les notions même d'amour entre les hommes que l'on appelle communément l'humanisme, de fraternité, d'égalité et même de liberté, ce qui peut paraître paradoxal à tous ceux qui voient le modèle judéo-chrétien comme une contrainte sont ancrés dans cette tradition juive, étendue par le christianisme qui hélas, s'est souvent perdu en chemin justement parce qu'il perdait l'ancrage juif.

L'Etat d'Israël, basé sur la légitimité historique évidente des juifs, ce rivage de Méditerranée, basé sur ce modèle de démocratie d'hommes libres, éclairés et égaux, que son peuple a largement inspiré et participé à fonder est le foyer du peuple juif et il représente l'âme de l'humanité. Il suffirait même de regarder la longue et historique liste de ses ennemis, de l'Empire Romain à l'Inquisition Catholique, du Nazisme à l'Etat Islamique, qui sont aussi ceux de l'humanité, pour s'en convaincre.

Alors il faut défendre Israël, autant que possible et jusqu'au bout, par nécessité de survie et de garantie, pour nos enfants, d'un monde libre basé sur les droits de l'homme et la responsabilité de citoyens égaux et fraternels.

Et c'est justement aux hommes et femmes libres, non-juifs mais conscients de cette guerre d'usure contre tout ce que nous croyons, guerre qu'Israël livre de gré ou de force, depuis 67 ans, de se battre pour empêcher le drapeau à l'étoile de David de tomber.

A PROPOS DE L'AUTEUR

On s'en fout, ce n'est pas lui qui compte mais ses idées

REMERCIEMENTS

à Jeep, pour ses corrections et son soutien infaillible

à Roys et Buffalo, camarades des premières heures

à toute l'équipe des Goys qui défendent Israël

à tous ceux qui m'ont apporté leur aide ou leurs conseils

à tous les lecteurs qui m'honorent de leur confiance depuis juillet 2014